あなたの
人生を
決めていく

見えない
チカラ

本草閣自然療法センター院長
小林 健

たとえば、数人が話をしている部屋に入ったとき、ふと
「なんだか空気が悪いな」「雰囲気がトゲトゲしているな」
と感じたことはありませんか？
あとから聞いたら、実は自分が入る前にそこで口論があった、
なんてことを、経験したことはありませんか？

目には見えていないけれど、
そこでよくないことが起こったことがわかる。
よくない雰囲気に押されて、自分自身も萎縮してしまう。
それは、あなたが「見えないチカラ」によって、
影響を受けてしまっている状態。
そう、あなたはいつでも、
目には見えないものの影響を受けています。

そしてそれらが、
あなたの人生を決めていくものなのです。

それでは、あなたをとりまく「見えないチカラ」とは、
どんなものでしょうか？
どうすれば、「見えないチカラ」を味方につけて、
何か起こったときにも、冷静に対応できる自分に
なっていけるのでしょうか。

それは、あなたの心、ひとつです。

人生を変えていくためのヒントを、この本でお伝えしたいと思います。

イライラする、怒る、
ときめく、喜ぶ……
すべての感情は、
目には見えません。
ただ、あなたが
今日1日をどう過ごすかの
カギを握っているのです。

CHAPTER 01 感情

あなたがどんな感情で
過ごしてきたかによって、
一番大事な、
ものごとをどうとらえるかが
決まってきます。

CHAPTER

02 思考

考えたことによって、
発する言葉が決まります。
言葉は、大きな力で
あなたの運命を左右します。

CHAPTER

03 言葉

あなたが使っている言葉は、
行動につながります。
自分も、他人も幸せに
したいなら、どんな行動を
とればいいのでしょう。

CHAPTER

04
行動

そしてあなたの行動によって、
まわりの環境が
決まってきます。
幸せになる居心地のいい
環境は、あなた自身が
作るものなのです。

CHAPTER

05 環境

毎日のあなたの「感情」「思考」「言葉」「行動」「環境」
目には見えないそれらのパワーは、
最終的にあなたの運命になります。

これからのあなたが、
自分を愛し、幸福感に満たされる人生を歩むために……
あなたのまわりの「見えないチカラ」に
向き合ってみましょう。

MESSAGE

特別寄稿

この地球に生きるすべてのみなさまへ

この本の制作を始めたのは、２０１９年夏のある出会いから。そして今、２０２０年春、世界がこのような状況になるとは思いもよりませんでした。

世界規模で、この疫病との闘いを強いられるとき、先の見えない不安に対して、私たちはどのように対処していけばよいのでしょうか。

私たち人間は、ひとりひとりの計り知れない欲望によって、スピード、便利さ、簡単さ、質よりも量、物質で心の中の希望を表現することを、あまりにも追い求めすぎてきました。それによって自然環境を狂わせているという一面もあります。

そのスピードを、少し緩めるときが来たのかもしれません。

自宅で心静かに暮らすこと。快眠、快便、快少食を学び、心とからだに向き合って、昔からの養生を心がけ、楽しみを見出し、毎日コツコツとケアを続けていきましょう。

私は海外で暮らしていますが、日本には世界に誇れる和食があります。味噌やぬか漬けなど発酵食を多用する伝統的な和食は、自然の真のエネルギーを与えてくれます。そして今は時間をかけて、心もからだもいたわるように努めたいものですね。

天災のようなことが起こると、人は、自然が人間に対して報復あるいは罰を与えているのではないか、と思うことがあります。しかしそんなことはありません。自然は大雨や大嵐を起こし、大地を浄化します。そして毒性のものは、地面に押し込まれて、豊かな微生物がそのバランスを整え、根本治療をしてくれます。それは自然としてのあるべき姿なのです。

みなさまの心とからだに、幸多きことを願っております。

Live in the now.

The past is written and done, and the future is not promised.

This moment is our true defining moment.

CHAPTER

01

感情

〝否定的な感情〟は、誰もが陥りやすい落とし穴

否定的な感情、いわゆるネガティブ感情を持つことがなければ、人生はどんなに楽になるでしょう。

しかし、人間はむしろ〝ネガティブ〟に陥りやすい生き物です。

ものごとに否定的な感情は波動を低くしますが、私たちは案外、ごく普通の日常生活の中で、この〝波動を下げる行動〟をしています。

たとえば、朝起きたときに雨が降っていると「雨か……」とがっかりして溜息をついたり、うまくいかない日に「今日はなんかツイてないな」と言葉に出てしまったり、職場の同僚が褒められる姿を見て自分と比較してみたり。

自分では、ほとんど無意識に行っているそんな行動も、脳には〝低い波動〟として伝達され、その後の思考や行動にさまざまな影響をもたらすのです。

また、ネガティブな感情は、心身に負担をかけるもの。交感神経がいやでも高まるため、気が張っている間は正常な自分を保てますが、その状態が続くと、徐々に五感のバランスが崩れ、情緒が乱れ、険《けん》のある言葉を発するようになります。そうしていくうちにいつもの自分が損なわれ、ネガティブオーラを発することで人からも距離をおかれてしまうため、いっそう自己嫌悪に陥っていくのです。

このように、ネガティブな感情はとても厄介なものですが、自然と湧いてくるのを避けることはできません。

でもだからこそ、少しでも早く脱け出す方法を知っておきましょう。

そこで、私からはふたつの方法を提案させていただきます。

ひとつは、**〝自分をネガティブな要因と真逆の環境に連れて行く〟**こと。

たとえば、仕事中にイライラしてしまった場合は、会社を出て、カフェや緑の多い公園に出かけてみる。誰かを嫌いになりそうで悩んでいるなら、その人自身でなくても構わないので（アイドルや俳優さんでも）、違う誰かのことを想像し、その魅力を感じたり、より好感を抱いたりしてみましょう。

すると、**〝逆の環境〟**は、**〝逆の波動〟**をもたらします。なので、ネガティブな波動はポジティブな波動に好転されるのです。

そうなればしめたもの。副交感神経は優位になり、体内の酸素が増え、体温も上昇。心身がリラックスして正しく機能しはじめ、健やかな生命活動に戻れるのです。

もうひとつは、ストレス発散型の方法。

まずは、**自分の中にある不平不満や妬《ねた》み、悲しみ、自己嫌悪など、ネガティブな感情をすべて紙に書き出してみましょう。**

誰かに見せるわけではありませんから、

「あの人、どうしてあんなに仕事ができないの!?」

「私だけ彼氏がいなくて淋しい」

「本当はもっと注目されたいのに」

など、正直な気持ちを書いてください。

全部書けたら、何も考えずにリストを声に出して読んでみましょう。1回読み終えるごとに「あー、やだやだ!」「もう、やめた!」などと吐き出して、20回程度くり返したら、ビリビリに破いて捨てましょう。

意外にも、効果てきめんで「スッキリしてしまいました」とのご報告をよくいただきます。

emotion

KEYWORD

#001

人は否定的な感情に
陥りやすいもの。
脱出方法を知って、
長引かせない。

顔を上げ、〝ポジティブに向かう気持ち〟を思い出そう

ときどき、あらゆることを否定的にとらえてしまう方がいらっしゃいます。

また、置かれている状況や周囲の影響で、そんな時期に入ってしまっている場合もありますね。

いずれにしても、それは否定的な思考回路が構築され〝負のスパイラル〟に迷い込んでしまっている証拠。「最近、ネガティブになっているな」と感じたときは、〝ポジティブ思考〟に切り替えるべく、次の方法を試してみてください。

前の項では、「否定的な感情は波動が低い」とご説明しました。

では、波動を高めるにはどうすればいいか？

それはずばり、〝顔を上げる〟ことです。まっすぐ正面に向いた状態からあごを15

度くらい持ち上げて、顔も視線もアップしてみましょう。

人は、体調が悪いときや落ち込んでいるとき、うなだれて下を向いてしまいます。顔を下げていると、首や肩にうっ血が起こり、血流を圧迫します。そして、世の中に漂っている〝問題のある波動〟は、大部分が目線より下の高さまでのエリアにあるのです。

つまり、これではまるで、自ら悪い波動の中に頭を突っ込みにいくようなもの。ほんの15度でも顔を上げれば、視線は人の頭上くらいにまで上がり、目の前の景色が変わっていくのを感じられるでしょう。それは、広く解放感があり、声に張りが出て、未来につながっていくような晴れやかな世界。同時に肺の緊張が緩み、心も解放され、ポジティブ思考にスイッチが入ります。

あなたにまとわりついていたネガティブな影は薄れ、「次は、もっといいことが起こるかもしれない」というワクワク感が、心をポジティブに導いてくれるはずです。

emotion

KEYWORD

#002

顔を上げよう。
視界が開け、
ポジティブな気持ちを
取り戻せるから。

遠くの出来事に感情を揺さぶられない

有名人のゴシップは、いつの時代も世の中をにぎわせます。

特に最近は、SNS（ソーシャルネットワーキング・サービス）の発達も手伝い、誰かがちょっと不祥事を起こすと、これでもかというくらい叩かれてしまいますね。

そんなとき、叩いている人の感情は、〝なんらかの嫉妬〟にかられている場合も少なくありません。

たとえば、人気商売である芸能人が何かしらの問題を起こしたとしましょう。

もともとその人のことを嫌っていた人はもちろん、これまでその人に憧れていた人も、実は心の奥に嫉妬心が隠されていることは少なくなく、不祥事の発覚をきっかけに「可愛さあまって憎さ100倍」と途端に攻撃的になることがあります。

内にこもっていた感情が爆発したときの反動は大きく、「そんな人だと思わなかった！」と自分が勝手に押しつけたイメージが壊れたことに腹を立て、怒りをぶつけます。とどのつまりは、そうしてストレスを発散しているのです。


一方で、問題を起こした人に対して、「可哀想に」と同情の声を上げる人もいるでしょう。

しかし、残念ながらその声も、純粋な哀れみの気持ちからとは限りません。本心では〝優越感〟という名の快感を覚えている場合もあるからです。

また、政治や経済、スポーツなどに関しても、まるで今この場で自分自身に重大なことが起きているかのように怒ったりする人もいますね。


人には、多くの場合、意識するとしないとに関わらず〝自分が人より上でありたい〟と望む気持ちがあるのです。それは、精神的、肉体的、金銭的、物質的に人よりも勝り、多くの人たちからの羨望を浴びたいという競争意識です。

つまり、同情的に見せている人の中にも、批判している人と同じように、なんらかの嫉妬心が潜んでいることがあるかもしれないのです。

どんな関わり方であれ、他人のゴシップやうわさ話に積極的に反応することは、人としての卑しさをあぶり出します。

誰がどんな問題を起こそうと、**本来それは、あなたの感情を揺さぶる要因にはなり得ないはず。**

他人の問題に反応してしまうのは、自分自身に満足できていない証《あか》しです。**その失敗（もちろん成功も）は自分には関係ない**のですから、そんなことで動揺するのは時間の無駄だと覚えておきましょう。

emotion

KEYWORD

#003

他人の失敗も成功も、
あなたの幸せには
無関係。

感情を受け取る〝場〟を整える

「ありがとう」と「憎らしい」は、一見、正反対のようにも思える感情ですが、もとをたどれば〝波動の形〟は同じなのです。

多くの場合、否定的な感情は、外部からの働きかけでもたらされるもの。自分の状態がハナからネガティブに傾いていると、嫌味を言われたり攻撃的な言葉をぶつけられたりしたときのダメージが大きく、相手のことをもより恨めしく感じられてしまうでしょう。

そこで、ひとつご提案。

ネガティブな感情をもらいそうになったときは、「知らないことを教えてくれて、ありがとう！」とあえて言葉にしてみましょう。

〝ネガティブ〟と〝ポジティブ〟は、もとは同じ波形ですから、感謝の気持ちで中和され、心は平静を取り戻せます。

何が言いたいかというと、〝気の持ちよう〟は非常に大事なのです。

たとえば、誰かに「ここで水着になってください」と言われたと想像してみましょう。

あなたのいる場所が、やっと予約できた素敵なビーチリゾートで、「あの真っ青な海に入りたい！」とワクワクしている状態なら、すぐにでも進んで水着姿になるかもしれませんね。

でも、もしもそこが往来の激しい東京駅だったらどうでしょう？「無理、無理！」ですね（笑）。断固拒否、拒絶反応を起こして当然だと思います。

同じ外部からの働きかけも、〝場〟が変われば〝安心感〟にも〝不安感〟にもなり得ます。これは、〝嫉妬と憧憬《しょうけい》〟や〝信頼感と不信感〟など、さまざまな感情についても同じこと。

波動の波形は同じでも、〝場〟によって自分の中に現れる感情が変化する。

〝場〟を整えることの重要性が、理解していただけるのではないでしょうか。

そして、その〝場〟とは、感情の入れ物である〝あなた自身〟に他なりません。

私たちは、日々、外部からのさまざまな影響を受けながら過ごしていますが、自分さえどっしりと安定し確立されていれば、著しく感情を乱されることはないといえるでしょう。

emotion

KEYWORD

#004

感情の波形はひとつ。
受け取る〝場〟の
整え方次第で、
よくも悪くも変化する。

他人が妬ましく思えるときは、想像力を働かせる

誰もが自分の生活をＳＮＳなどで披露することが簡単な時代になりました。自分にないものを持っているとか、きらびやかな生活をしている人を見て、少しばかり「うらやましい」「妬ましい」と思う気持ちは、どんな人にも湧いてくるものでしょう。

「大きなお庭がある家に住めて、いいな」
「あんなに優しくて素敵な旦那さまがいるなんて、うらやましい」
「どうしてそんなにしょっちゅう海外旅行に行けるのかしら」
「おいしいものばかり食べていて、すごくお金持ちなのね……」

〝隣の芝生は青く見える〟というのでしょうか。ただそれは、少しばかり浅はかな感情といえるかもしれません。

世の中には、人より少しだけいい生活をしているといったサクセスストーリーが溢《あふ》れています。そのたびに「順風満帆でいいな」「あの人みたいになりたかった」と、うらやましく感じるのは自然なことですが、それはあくまで表面的、結果的な部分しか見ていないから。その裏には、往々にして、実はさらけ出していないことや、他の人には真似できない努力や苦労があるはずです。

しかし、そんなきらびやかな生活の裏側は、普段の笑顔からはなかなか読み取れません。

要するに、外側から見ている人は、その表面的な部分だけを切り取り、自分に都合のいいように解釈しているだけ。表立って見せてはいないけれど、さらけ出していない部分が必ずあるのですから、想像力を働かせてみることが大切です。

メディアで活躍する芸能人や有名アスリート、雑誌やSNSでよく見る憧れの人を「ずるい！」と妬んでしまいそうになったら、「こんな生活をするためには、大変な苦労があるんだろうな」とおおらかな気持ちで考え直してみましょう。


他人の姿を多面的にとらえようとすることは、自分の心を豊かに広げてくれます。


たとえ、人から憧れられるような生活はしていなかったとしても、他人の苦労を想像したり、人の痛みをわかってあげられるということは、とても豊かなことなのです。

他人のことを肯定的にとらえられれば、妬みといった感情からは解放されます。

自分の置かれた境遇に感謝しながら、あなたはあなたの進む道を楽しく生きていきましょう。

emotion

KEYWORD

#005

妬んでしまうのは、
想像力の欠如。
多面的にとらえれば、
豊かに生きられる。

〝否定的な感情〟の隠れた長所

ここで1度、「否定的な感情、いわゆるネガティブ感情とは？」についておさらいしてみたいと思います。

人間は、すべて〝陽〟と〝陰〟によって構成されています。肉体は〝酸性〟と〝アルカリ性〟、感情は〝ポジティブ〟と〝ネガティブ〟、それぞれ双方のバランスで維持されているのです。

つまり、〝ポジティブ〟と〝ネガティブ〟は表裏一体。

ですから、ネガティブな感情は、実はあらゆるものに含まれています。

ひとつのたとえとして、ごく平凡な日常の中でも、本当は自分にないものを「ある」と言ってしまうなど〝本来の自分の姿に嘘をついている〟状態があるとしましょう。そんなとき、**自分の発言は、まず誰よりも先に自分自身が聞いているもの。**だから嘘をつけば、〝自分で自分を疑う〟ような矛盾した状態を生み、その違和感がネガティブな感情を引き起こしてしまうのです。

ただ、実は**ネガティブな感情には、〝自分を安堵《あんど》させられる〟という意外な長所も。**

たとえば、私たちは何かをあきらめるとき、

「お金がないから」「経験がないから」「もう遅すぎるから」

などと理由を述べますね。

これらは、すべて自分の弱みをかばうための言い訳ですから、劣等感にもつながるもの。要するに、ネガティブな感情の源泉です。

しかし、ネガティブな感情が大きくなりそうなとき、あらためて〝人間は不完全な生き物である〟という事実を思い出せたら――。「だから、弱点があってもいいいん

だ」と肯定的にとらえられ、弱くてダメな自分も受容するのです。

そうなると、深層心理はやわらぎ、副交感神経が優位になって気分も落ち着いてきます。さらに、ネガティブな感情は縮小していき、自己肯定感を復活させていくことができるでしょう。

ネガティブな感情を〝残念なもの〟とするか〝ありのままを受容するためのクッション〟ととらえるかは、自分次第。ネガティブな感情とは、あなたの中にある〝守りたかった真実〟の暴露なのですが、同時にそれは、〝隠れていた希望〟であり〝心に開いた穴をふさぐ手段〟でもあるのです。

表裏一体である〝ポジティブ〟と〝ネガティブ〟は、あっという間に反転します。ネガティブな感情をポジティブに好転できたとき、または、ありのままの自分として受容できたとき、新たな発展への道筋が見えてくるでしょう。

emotion

KEYWORD

#006

〝ネガティブ〟と
〝ポジティブ〟は表裏一体。
弱さを受容できたとき、
好転する。

心もからだも活性化する、〝ときめき〟の効用

動物は、食べたいものを目の前にすると、平常時の10倍以上の唾液が出ることが知られています。胃や小腸がぐるぐると動き出し、ホルモンや酵素が体内を駆けめぐると、からだの変化が脳にも作用し、興奮しはじめます。

そしてこの仕組みは、**人がときめく瞬間も同じこと**。

私たちは、深層心理に秘めていた思いや希望、欲望を満たしてくれるものを得られた瞬間、そのよろこびをからだ全体で受け取ろうとします。心臓や肺、子宮や卵巣や前立腺は美しい本能を輝かせて生命を活性化し、ホルモンや酵素は普段の何倍もの量が放出され、ウキウキと胸のはずむ明るい感情をもたらしてくれるのです。

おいしいものに舌鼓を打ったり、新しい季節のファッションを楽しんだり、好きなアーティストのライブを聴きに行ったり……。もちろん、素敵な人と会ってドキドキする瞬間もそうですが、ワクワクとときめく感情は、私たちをキラキラと輝かせます。

ときめきの対象に出会えた際に溢れ出る感動のホルモンは、ちょっとした悩みなど吹き飛ばしてしまうくらいのパワフルさ。

それは、〝人間は不完全の塊である〟という、日頃はなかなか受け入れがたい事実まで忘れさせてくれるのです。

ときめきを忘れなければ、人はつねに明るく、〝元に気がある〟と書いて〝元気〟な心で生きられるでしょう。

たとえば、ランチの後にデザートを足す、月に1度は映画やアートに触れる日をつくる、気になる人がいるなら積極的に食事に誘ってみる。

少しだけ意識して、毎日をときめきで埋め尽くしてみませんか？

emotion

KEYWORD

#007

ときめきがあれば、不完全な自分も苦にならない。

愛することの定義

古今東西、人は哲学や心理学、芸術などを通じて「〝愛〟とはなんぞや？」という難問に答えを求め続けてきました。

私なりの答えは、**〝愛とは、自分の本質から湧き出る特別な感情〟**。

愛は、相手の表面的なものに惹かれたり、感情的に高まったり、単に「幸せ！」と感じたりする瞬間の中にあるものではなく、お互いの真心や人生観、ライフスタイルや長年培われてきた習慣、また宗教にも似た信仰心など、そういったすべてのものから湧き上がる感情の一致です。

共鳴し合い、感動を生み、感謝が溢れ、相手をいつまでも思い続けたい、一緒にいたいと、強く感じることだといえるでしょう。

愛とよく引き合いに出されるものとして、〝恋〟や〝好き〟という感情がありますが、私は、それは愛ではないと考えます。

出会ってすぐ恋に落ちるようなことも確かにあるにはあるでしょう。しかし、それは相手の表層的な輝きへの好意的な反応であり、深層心理から溢れ出る感情とは違います。

愛は瞬間的なものではなく、たゆまぬつながりによって生まれる不死身のもの。ときに〝揺らぎ〟があったとしても、本物の愛なら、心のともしびが消えることはありません。

私のまわりでも、1度は離婚したふたりが、それぞれ新しい人生をイキイキと過ごすうちに再会し、愛が蘇《よみがえ》った例をいくつも見ています。

それが真実の愛である限り、愛は不滅なのです。

さらに愛とは、相手のすべてを例外なく受け入れることですから、忍耐力や包容力を必要とします。

自分の毒となるものであったとしても、愛は変えることができません。ときには、気持ちの余裕がなくなることもあるかもしれませんね。

真の愛とは命がけのもの。そう考えています。

人間、動物、木や花、すべては命を持っている生命体です。

そして宇宙ともつながる自然の美しい本能、生き抜く生命力、輝きと蘇生を与えてくれる情熱、これら大切な能力を与えられた生命の集合体が人間です。

その生命体を作り、育て、守ってくれている存在、私はそれを〝愛〟と呼んでいます。

emotion

KEYWORD

#008

愛とは、
本質的であり、
不滅であり、
相手のすべてを受容すること。

ポジティブになれないときは、感情に逆らわない

365日、つねにポジティブな気持ちで過ごせるなら、こんなに素晴らしいことはありません。

けれど、人は日々さまざまな状況に揉《も》まれながら生きていますから、四六時中、機嫌よくいるのは至難のわざ。頭では間違った方向を向いていると理解していても、前を向く気力が湧かないこともありますね。

そんなときは、無理にがんばろうとせず、いっそ感情の赴くままに行動しましょう。

思いきり朝寝坊するのもいいですし、一日中パジャマでだらだら過ごすのもいいで

しょう。思うぞんぶん泣いてみたり、心の中に溜まった思いをノートに書き殴ってみるのもいいかもしれません。

自分に課していたルーティーンをはずしたり、抑えていた欲求を解放してみたり、ときには、いつものあなたらしくないことをしてみると、これまで見えなかったことに気づけることがあります。

それでも不安が膨らむときは、限度を決めて少しだけお酒や甘い物に頼っても。大丈夫、落ちるだけ落ちたら、あとは上がってくるしかないのですから。

日本には、古くから「禍《わざわい》を転じて福となす」ということわざもありますね。

不安に行き着いたがゆえに気づける安心もありますし、何がどこにつながるか未来のことはわかり得ないのですから、運を天にお任せするつもりで、まずはやりたいようにやってみましょう。

そこからまた考え直しても、何も遅くはないはずです。

emotion

KEYWORD

#009

ネガティブに振り切ることで、気づきが生まれることもある。

他人の感情に振り回されない

社会生活を送っている以上、私たちはみんな、複雑に絡み合った人間関係の中で生きています。

そんな中、ふと生きづらさを感じるのは、他人の感情に振り回されてしまうときではないでしょうか。

私たちはひとりひとり、異なる境遇と感情を抱えながら日々を過ごしています。ですから、同じ時間を共有しているからといって必ずしも共感し合えるとは限らず、その結果、自分自身は平穏でも、家族や恋人、職場の同僚や友人など、周囲のネガティブな感情に巻き込まれてしまう問題が、少なからず起きてくるのです。

一緒にいる人が怒ったり、悲しんだりしているとき、または、誤解や嫉妬、八つ当たりなどから人に攻撃的な言葉や態度をぶつけられてしまうとき、あなたは1日を棒に振るくらい悩んだりして疲れ果ててしまうでしょう。そればかりか、もしかすると「私が悪かったかも」と自分を責めてしまうことさえ、あるのではないでしょうか？

しかし、そんなことで傷ついたり、自己嫌悪に陥る必要はありません。なぜなら、どんな場合も **〝その人の感情は、その人のものでしかない〟** からです。

たとえ、あなたの言葉や態度が引き金となり、誰かの気分を害してしまったとしても、それは、あなたが偶然、その人の悩みや過去の苦い思い出に触れてしまっただけ。その人の心の傷は、あなたが背負うべきものではないのです。

なかでも直接、攻撃的、批判的、否定的な態度で迫られたときは、とっさに判断や反論をする前に、そっと2、3歩離れてみましょう。

相手が気にするなら、こんな風に伝えてみること。

「私にはあなたの気持ちはわからないけど、理解する努力はしたいと思う。ただ今は、一緒にいると言いたくないことも言ってしまうし、私らしくない行動も取ってしまいそうだから、ちょっと出かけてくるね」

誰しも〝恒常性〟（さまざまな環境の変化に対応して一定の状態を保つようにすること）というものを備えていますから、こうして数時間から数日間程度の時間をおけば徐々に落ち着いてくるはず。無理にこちらから働きかけようとするより、ずっと効果的なはずです。

emotion

KEYWORD

#010

人の感情は
その人のもの。
あなたが背負う
必要はない。

CHAPTER

02

思考

誰かのためでなく、自分のために許す

〝許す〟という行為は、実は多くの場合、単に〝問題の解決方法〟でしかありません。

多くの人は、本意ではなくとも〝許すという方法〟を選びます。なぜなら、許さないでいることは、自分にとっても非常に苦しい状態だからです。

誰かに傷つけられた事実に対して「許さない！」と固執し続けることは、ネガティブな過去に無駄な熱量を持ち続けることであり、それに縛られ続けること。当然、大抵の人はだんだん耐えられなくなります。そこで、解決方法としての許しを用いて、ときには失ったお金や時間などに目をつぶってでも相手を自由にし、一方で、自分も呪縛から解かれようとするのです。

しかし、手段として許すだけでは、受けた傷への怒りや悲しみが本当に消えることはありません。言われたことやされたことは、脳はもちろん、からだのすべての器官が覚えているからです。そういった記憶は意識的に手放さない限り、永遠に全身に刻まれたままなのです。

もしも今、**あなたが特定の何かに強く憤《いきどお》っているとしたら、何よりも自分自身のために、相手を心から許しましょう。**

私が普段行っている **〝相手を心から許す方法〟は、あくまでも軽やかに行うのがポイント**。恨みやわだかまりなど、ネガティブな感情は、ただでさえ粘着質で重量感があります。そこに深刻な思いをべったりと乗せてしまうと、その思いは誰にも届く間もなく自分の足元に落ちてしまうでしょう。

だから許すためには、こんな風に明るく親しみを込めて自分に語りかけてください。

「人間は完璧じゃないよね。人に振り回されても仕方ないから、もう捨てて身軽になろう。自分の幸せは自分でしか作れないよ。両手に荷物を持っていたら、新しいものは持てないでしょ？　許せば、未来の素敵なものを掴《つか》める。しがらみなんて飛んで行け〜」

未来を見つめ、楽しいことをイメージすると、自然と軽やかな思考が生まれます。

ちなみに、**〝心から許す〟とは過ちをすべて受け入れること**です。条件付きの〝許し〟は、許しではなく〝コントロール〟になってしまいます。

許せなかったことを許せたとき、その相手はきっと「生き切る力を受け取った」と感じ、何十倍もの感謝のエネルギーを返してくれるでしょう。さらに、あなた自身は身も心もすっきりと浄化され、真の平和と自由を手に入れられると同時に、自分の次元をワンランクアップさせられるでしょう。

thought

KEYWORD

#011

「許さない！」は、
自分への呪縛。
自由になるために
心から許すこと。

お金の価値は〝思い〟で変わる

現代社会の暮らしとお金は、切っても切れない密接な関係といえるでしょう。「金の切れ目が縁の切れ目」といったことわざからもわかるように、お金の存在は、人間関係さえ左右します。

本来、お金とは〝ものの価値を表す集合体〟。

一定の波動を持っていますが、たとえば「大儲けするぞ」「絶対に3億円当ててやる」など、心の平静を破る激しい欲望や過剰な期待を持ってお金を扱ってしまうと、もともと備わっている波動が影響を受けてしまい、お金は欲望を叶える単なるツールに、ひいては人の心を惑わす卑しいものとなってしまいます。

反対に、**お金を貴重なものとして認識し、手にしたよろこびや感謝の心を持って丁寧に扱うと、波動はよい方向に変化して持ち主に幸せをもたらします。**さらに、お金同士はよろこびを波動で伝え合う性質があるため、その人は、より多くのお金に好かれることになるでしょう。**澄んだ心で使うほど、お金は集まってくるのです。**

お金が持つ波動それ自体は、決して悪いものでも汚いものでもありません。それは、使う人間の思いによって左右されるもの。

確かに現代は、おいしい食事もレジャーや旅行などの楽しみごとも、さらには高度な教育や有効な情報までも、裕福な人がより多くを手に入れられる仕組みになっているかもしれません。さらに悲しいことには、名声や愛や人の命など、本来はお金で買えないものでさえも、少なからず〝お金次第〟となっているケースもありますね。

しかしそれらは、つまるところ、人間が生み出した価値観です。人が必要以上の思いをお金に注ぐとき、そこにはお金との緊張関係が生まれ、さまざまな問題が起こります。私たちは、それをしっかりと心に刻んだ上で、**お金とのいい距離感を保っていく必要があるでしょう。**

少しだけ余談ですが、実は私は５００円玉が大好き（笑）。貨幣としての価値よりも、立派な外見やずっしりとした上質感にワクワクさせられるのです。ニューヨークに帰る前には必ず５００円玉を数えます。「いくらあるか」ではなく「何枚集まったか」に胸が弾むのです。この話を講演会などでお話ししたところ、多くの方々が５００円玉貯金を始めたそうです。なんとそれが10万円、20万円にもなったという方も。思い立ったら吉日、想像して実行、そしてその経験を積み重ねて、想像以上の結果が生まれてくるということですね。

そして忘れてはならないのは、絶対に、１万円の価値よりも10円、１００円の価値に感謝しましょう。その感謝がお金の波動に影響して、気持ちのよいあなたのところにお金が集まり、また長く一緒にいてくれることになるのです。

thought

KEYWORD

#012

お金自体は中立なもの。
感謝の心で扱うと、
幸せを生むツールに。

〝今を生きる〟ことの意味

最近、〝今を生きる〟ことの大切さを頻繁《ひんぱん》に耳にするようになりました。しかし、〝今〟とは一体、どのような事象を指しているのでしょうか？

今を知るには、自分の頬をキュッとつねってみてください。「痛い！」と感じたら、そこがまさにあなたの生きている〝今〟。

〝今〟はこの瞬間にしかありません。

もしもあなたが過ぎた出来事に対して「もっとこうするべきだった」とか「ああだったらよかったのに」なんて気を取られているとしたら、それは〝今〟に存在していないのも同じこと。

同様に、数カ月後、数年後など先のことにばかり目を向けて「ああなればいいのに」「いつかこうしよう」と妄想に浸っている時間も、やはり〝今〟をおろそかにしているといえるでしょう。

音楽を聴くのに、レコードやカセットを使っていたのは、いつのことだったでしょう？　今ではCDを通り越し、インターネットがメインメディアになっていますね。固定電話から、携帯、スマホへの移り変わりもすさまじいものですね。そんな事実を鑑《かんが》みても、過去はあっという間に消え去り、現実はどんどん移り変わっていきます。

私は、〝過去・現在（＝今）・未来〟の根本的な違いはないと考えます。なぜなら、まず過去の記憶は、その大半が今の脳裏に残っていますし、また未来は過去と今をなくして成り立たないからです。**今は過去の経験や歴史の延長線上にあり、今の思いの中に未来があるのです。**

よく患者さんで過去のしがらみに苦しんでいる方がいらっしゃいますが、私から見るに、その原因は過去にはありません。今の生き方に満足できないから、過去の記憶が重くのしかかってくる。解決すべきは、過去のしがらみではなく今なのです。

同様に、自分の未来にやりたいことが見つからないと悩んでいる方は、それは今が充分でないから未来の希望が見えてこないということ。実は今現在にさまざまなトラブルを抱えていらしたりします。

〝過去・現在（＝今）・未来〟に段差があるとらえ方は、あまりおすすめできません。**つねに今を充実させる努力や工夫を重ね、今を大切に愛し続けていると、過去のよさが今に生き、未来の希望が咲きはじめます。**

時間は問題ではないのです。すべては一体です。

thought

KEYWORD

#013

過去も未来も、
現在（＝今）も、
すべては一体。

絶対的な〝正しさ〟なんてない

私たちはみんな、日々「これは正しいか否か」のジャッジをくり返しながら生きています。

ですがその判断は、ひとりひとりの個人的な価値基準で決められていることがほとんど。人の内面から出た〝正しさ〟は、ある意味その人そのままの自然体ではあるものの、〝非の打ちどころのない正しさ〟といえるものではないでしょう。

そう、〝絶対的な正しさ〟なんてないのです。

つまり、正しさとは、とても多面的なもの。誰かが唱える正しさも、置かれている状況が違えば必ずしもそうと言い切れなかったり、一般的に「正しい」とされてきたルールが時代にそぐわなくなっていたり。それは、おおむね誰かの主観によって伝えられてきたであろうもの。その信憑《しんぴょう》性を充分に調査、体験、比較するのは多くの場合、不可能です。「誰のために」「何のために」「どのように」また「どんなタイミングで」判断するかで、数えきれないほどの答えがあるはずなのです。

さらには、もしかすると「正しい」とされていることの中にも、正しくないことが隠れているかもしれません。正しさは、ときに〝正義〟とは無関係だったり、誰かを傷つけてしまうものであったりするのです。

毎日を暮らしやすくするためには、そのときどきの〝正解（＝正しさ）〟を判断していくこと。しかし、何よりも、それをどう生かし行動していくかということが、人間の〝正しいあり方〟だと思われます。

thought

KEYWORD

#014

〝正しさ〟は
多面的なもの。
大事なのは、
その生かし方。

欲はよいのか、悪いのか?

一般的には、悪者扱いされてしまう〝欲〟というもの。しかし、欲がなければこの世の中に発展はありません。それどころか、自然界や社会で起こる変化や衰退などの危機的状況を食い止めることさえ、できなくなってしまうかもしれません。

〝欲〟は、言い換えれば、進化や改革を後押しする〝希望〟のこと。それ自体は決して悪いものではありません。

欲には、物欲(特にお金)、食欲、性欲、支配欲、独占欲など、さまざまなものがありますが、それらは本来、誰の心にも自然と湧いてくる〝希望〟です。ところが、この希望があまりに増幅しすぎると、周囲の人を苦しめたり、人から奪ってでも欲しいという激しい気持ちに変貌し、美しかったはずの希望が、醜い希望に変わってしまうのです。

それがますます膨らむと、もともと希望の中にあった思いやりや慈悲、愛情といったものが全部ぺしゃんこに押し潰され、人の幸せを破壊することも厭《いと》わない傲慢《ごうまん》な思考が育ってしまいます。

だからこそ、**欲を主張したいときは、まず身近な人や関連するもの、周囲の環境のことをしっかりと考慮し、真摯《しんし》に話し合いを重ねながら、実行に移すことが必要となるのです。**

たとえばの話をしましょう。あなたはベランダで素敵な花を育てています。毎日忘れずに水をやり、だんだん鉢を大きくして、美しい花をたくさん咲かせるようになりました。ところがお隣に住む人が、その花にアレルギーを持っていたとしたらどうでしょう。あなたは大好きな花を増やして楽しく眺めることによろこびを感じていたのに、お隣の人にとってそれは苦痛以外のなにものでもなかったのです。

人は、目に見えるところではもちろん、思いがけないところでも誰かとつながっているもの。ですから、どんな欲も、その先には誰かや何かがつながっているかもしれないと想像を働かせるべきなのです。気遣い、お互いの思惑を調整していければ、素晴らしいエネルギーの交換となるでしょう。

thought

KEYWORD

#015

〝欲〟とは〝希望〟。
心の持ち方次第で
美しくも醜くもなる。

コンプレックスは考え方次第

あなたには、コンプレックスがありますか？　もしもあるなら、それは大変もったいないことだと思います。

なぜなら、自分の内側で起こるコンプレックスという感情は、現実の行動を大きく制限してしまうからです。せっかく高いポテンシャルを持っているのに、それを発揮できないとなれば、まさに「宝の持ち腐れ」ではないでしょうか。

ちなみに私には、コンプレックスはありません。しかしそれは、私が欠点のない素晴らしい人間だからではなく、**〝人間は完璧ではない〟**ことをよく知っているからなのです。

「自分はコンプレックスが多くて……」とおっしゃる方は、自分と他人を比べることに重きをおいているように思います。

背が高くすらっとした人は、確かにカッコいい。でもそこで「素敵だな」と認めるだけでなく自分の身長にフォーカスしてしまうと、その低さにがっかりしてしまうかもしれません。

でも、ちょっと考えてみてください。ダスティン・ホフマンやアル・パチーノ、トム・クルーズはどうですか？　みなさん言うまでもなく超カッコいい俳優さんですが、他のハリウッドスターたちと比べると、実は背丈は驚くほど低いのです。しかし、それが欠点になっているでしょうか？

〝背が低いと魅力的に見えない〟というのは、単なる思い込みです。姿かたちに限らず目に見えるわかりやすい部分だけを気にしていると、人はつい誰かと比べたくなってしまうのかもしれません。

実際には、すべての人にはその人の本質ともいえる〝味わい〟があるもの。他人と比較するより自分の持ち味を100%出すことに意識を向ければ、かの俳優たちのように輝くことも不可能ではないと思うのです。

広い視野で考えてみるなら、私たちは、明日どうなるかもわからない世界に生きています。**コンプレックスに押し込められて縮こまっている暇はない**はずです。

のびのびと日々を暮らすためには、努めて「自分が大好き」と言葉にしましょう。「案外イケてる」「もっと踏み出そう！」と口に出すことで、あなたはもっとあなたらしく輝けるはずです。

thought

KEYWORD

#016

誰かと比べるより、自分なりの持ち味を発揮していこう。

考えすぎは優柔不断のもと

「何を決めるにも、つい迷ってしまう」という人はいるものです。そして、私から見るとそういう方は、とかく考えすぎる傾向があるようです。

私自身は、優柔不断になることはほとんどありません。いつも好きなことをして、好きなものを食べ、自分の望むように生きているので迷いようがないのですが、お陰さまで、80歳になるこれまで、大きな苦情をいただいたことは1度もありません。

万一、クレームを言われたら、まず「ありがとうございます」と感謝するでしょう。ただ、そこから先は「勉強させていただきます」と、言ったり言わなかったり（笑）。

なぜなら、前項でもお話ししましたが、この世に完璧なものなどないのですから……。

話を戻すと、そもそも、世の中はとても移ろいやすいもの。10年前にベストと思われていたことも、10年経てば、大抵はさらにいい方法が現れますし、流行はあっという間に廃《すた》れます。また逆に、20年前は誰の目にも留まらなかったようなものが、今ではダイヤモンドをしのぐほどの価値を見出《みいだ》されている、なんてことも。

そう考えれば、**社会の常識や一般的な価値観なんて、あてになりません。何を選ぶにも、自分の趣味嗜好《しこう》を信頼するのがいちばん。**

たびたび優柔不断になってしまうのは、好みが揺らいでいるからでしょう。

しかも今の時代、世の中を見渡せば、似たようなコトやモノが溢れています。〝生きるか死ぬか〟の決定的瞬間でもない限り、それほど深刻に選ぶ必要があるでしょうか？

スピーディに決断できる人は、そのときどきの気分に素直に反応しているもの。間違いなく、考えすぎは優柔不断のもとといえます。

thought

KEYWORD

#017

深刻になりすぎない。
気分に従って、
パッと決める。

死は、残された人の中にある

人が亡くなるということ――。

それは多くの場合、言いようのない悲しみを伴います。
そして、親や我が子、パートナーなど、亡くなった方への愛情が深ければ深いほど、残された人たちは、その死に縛られてしまうことがあるのです。

ご遺族が、亡くなられた方への愛の証しとして、その方との関係性における自分の〝ポジション〟をいつまでも守ろうとするのは、よく耳にする話ではないでしょうか。

「彼のことを一生愛し続けるから、誰とも結婚しない」

「あの子のことを忘れたくないから、もう子どもは産まない」

しかし、あえてお話しさせていただきます。

ここで少しだけ、〝死〟というものを考えてみましょう。

死とは、亡くなられたご本人にとっては〝無〟以外のなにものでもありません。亡くなるということは、**運命を受け入れて旅立ったということであり、魂が浄化された状態**。後には何も残りませんし、もちろん、人間世界にあるような欲望や希望といった感情も存在しません。

亡くなった方を象徴するモニュメントとして〝お墓〟がありますが、実際は、その中に遺骨はあっても、それはもう、その方ではないですね。

お墓は、生きている私たちが懐かしみ、慈しみたいから建てるのであって、亡くなった方は、死後にお墓を欲しがることも、建立をよろこぶことも絶対にあり得ないのです。

つまり、〝死〟とは、もはや亡くなったご本人のものではないように思います。

誰かの死は、あくまでも、残された人たちのもの。

ですから、あなたがいずれ、大切な方の死に直面した場合は、まずは心ゆくまで存分に悲しんでください。しかしその後は、亡くなった方のためではなく、自分自身のために生きることを忘れてはならないのです。

thought

KEYWORD

#018

死とは〝無〟。
残された人は、
自分のために
生きることが大切。

寛容さは、あなたに恩恵をもたらす

人は、多くの経験を重ねていく中で、自分なりの信念を確立するものです。

それはいわば自分らしさの基盤ですが、固定観念が強くなりすぎると、自らを枠にはめてしまうことにも。

日常の中で新たに出会うものを受容するかどうか判断する際も、自分の中での正解にそぐわないものを拒否することが増え、結局は、自分自身を生きづらくさせてしまうのです。

ここで少し、自然界に目を向けてみましょう。

たとえば、

「キリンの首はなぜ長いの？」

「蚊に刺されると、なぜあんなにかゆくなるの？」

など、自分とあまりにかけ離れた要素や不快な思いをさせられる現実は、誰にとってもなかなか受け入れ難いものでしょう。

しかし、視点を変えれば、キリンはその長い首で高い木の葉を刈り取る役目がありますし、蚊は養分として人間の血を吸うと同時に免疫を作ってくれています。

もしもあなたが、生涯1度も蚊に刺されなかったら、蜂に刺されたり毒性のある野草に触れたりするだけで、ショック死してしまうかもしれないのです。

〝自分の中での正しさ〟から外れたものを受け入れず、否定し続けることは、孤立を招くだけでなく、本来得られたはずの恩恵を半減させてしまいます。

それよりも、**〝世の中には多様な考え方があり、予想外の出来事が起こる可能性もある〟と認めて受け入れたほうが、心身の免疫力を高められるのです。**

〝寛容さ〟は、副交感神経を優位にして幸せホルモンといわれるオキシトシンやβエンドルフィンの分泌を促し、痛みや悩みの根源である緊張をやわらげることにもつながります。

さまざまな出来事や出会う人を、できるだけ受け入れてみること。

そんなうつわの大きさは、リラックスを誘い、あなた本来の美しさを輝かせてくれるでしょう。

thought

KEYWORD

#019

不寛容は、
自分を生きづらくする。
寛容さは、
あなたを輝かせてくれる。

CHAPTER

03

言葉

言葉には、〝言葉以上の力〟がある

毎日、毎時間、毎分……、いえ毎秒のように、人は〝言葉〟を使って生きています。コミュニケーションの場面ではもちろん、私たちは、目を覚ましているほとんどの間、言葉を通して考えたり理解したりし続けているのです。

言葉とは本来、それくらい自分と密接な関係にあるからこそ、きちんと正体を知っておく必要があります。

そもそも、日本には〝言霊《ことだま》〟という考え方があります。

それは言葉が持つ力であり、〝真意〟とも呼ぶべきもの。

言霊の影響力については、きっと多くの方が、実体験を通じて納得されているのではないでしょうか。

なかでも、私たちが誰かに向けて言葉を発するとき、言葉と言霊は波動をまとい、そこにはエネルギーが生じます。

このエネルギーこそが、言葉を相手の心に届けるための大きなパワー。言霊は何十倍もの生命力をみなぎらせ、言葉は〝言葉以上の力〟を持つことができるのです。

ところで、あなたには、口ぐせや日常的に何気なく口をついて出る言葉など、頻繁に使う言葉はありますか？

自分が発する言葉に最も大きな影響を受けるのは、実は〝あなた自身〟です。

なぜなら、ひとりごとであろうと、誰かに向けた言葉であろうと、それを誰よりも先に聞いているのは、他ならぬあなたなのですから。

影響の仕方については、言葉そのものよりも、〝どんなエネルギーの言葉を発するか〟によるところが大きいでしょう。

発した言葉が、自分にとって真理であり嘘がないのであれば、その言葉のエネルギーはあなたに恩恵をもたらしてくれます。

気をつけたいのは、自分の心にもない偽りの言葉を発してしまったとき。真意と異なる言葉は、体内のエネルギーを乱し、いずれ思わぬ疾患を生み出すことも。

気づかないうちに、自分を大きく傷つけてしまうことがあるのです。

もちろん、人から投げかけられた言葉にも、言霊を感じようとすることが大切です。

食べ物だって、何度もよく噛むことで、味も消化もよくなり健康に役立ちます。

同様に、言葉もきちんと噛みしめて、言葉の奥にある真の意味を理解し、自分の状況に合わせて、判断したり取り入れたりしていきましょう。

word

KEYWORD

020

自分の言葉に
最も影響を受けるのは自分。
嘘のない言葉を使おう。

感情的な言葉こそ、冷静に受け止める

〝話し言葉〟というものは、大抵の場合、その会話の最中にはなかなか真の意味を読み取れないものです。

特に相手が、よくも悪くも感情的になっているときは、勢いのある波動に押されていっそう真意から遠ざかり、じっくり考える暇もないまま、頭にはその場限りの返事しか浮かんできません。

そんなときは、相手の押しの強さに巻き込まれないように、**一歩引いて冷静に、ただし思いやりを持って話を聞きましょう。**

言葉に込められた邪気や押しつけがましさは薄まり、知りたかった核心部分が見えてくるでしょう。

また、特に感情的に打ち明けられる相談事には要注意。

まくしたてるように語られる言葉をあわてて聞き取ろうとすると、派手で強烈な言葉にばかり引きつけられてしまいます。その上、あなたのほうから中途半端に反論やアドバイスをしようものなら、おそらく、余計な反感を買ってしまうでしょう。

なぜなら、彼らはすでに〝答え〟を持っているから。

興奮して話しかけてくるのは、単に自分のフラストレーションをあなたに吐き出したいだけ。極端にいえば、あなたを利用しているのです。

ですから、そんな会話に真面目につき合う必要はありません。

「用事を思い出したわ」と伝えて、とにかくその場から離れましょう。

もっと話したいと求められたら、「また時間があるときにしましょう」とだけ伝えればいいでしょう。

相手の気分が落ち着くまで、しばらくは距離をおくことをおすすめします。

word

KEYWORD

#021

感情的な言葉は
一歩引いて聞く。
それでもダメなら、
立ち去ろう。

食事のあいさつは、〝言葉の世界遺産〟

日本独自の習慣である「いただきます」と「ごちそうさま」は、極めて美しく肝要な言葉です。

私は、それらは〝世界遺産に匹敵する言葉〟だと信じています。

その理由は、まず「いただきます」というあいさつには、自分が〝今、生きている〟ことへの感謝が表されているから。

〝食べること〟は〝生きること〟ですから、本来1日3度の食事は、生きていることのありがたさをしみじみと味わえる貴重なひとときなのです。

加えて、〝いただく＝頂戴《ちょうだい》する〟の語源からは、食材そのものやそれを生み出してくれる方、流通に乗せてくれる方、調理してくださる方など、おいしい食事が生まれるまでのさまざまな過程に貢献している方々へ向けた感謝が込められていて、私はそこに、美しい心のハーモニーを感じています。

また、「ごちそうさま」には、食事への感謝とともに、満ち足りた気持ちが溢れていますね。

「終わりよければすべてよし」という言葉もあるくらいですから、おそらく、食後のあいさつをきちんとしている場合とそうでない場合とでは、食事時間そのものの満足度も変わってくるのではないでしょうか。

さらに、実はこれら**ふたつの言葉には、消化・吸収を助ける波動があり、優れたエネルギーをもたらしてくれる役割も担っています。**

「食事をしようかなぁ」と考えた瞬間、私たちの脳はすぐに伝令を出し、消化活動の指令をからだに伝達します。胃腸などの消化器官は、その瞬間から準備をスタートさせるのです。

キッチンで料理をしているとき、作っている人、手伝っている人、食卓で待っている人まで、お腹がグ～ッとなっている場合が多いですよね。

楽しい会話、弾む心で料理をすれば、その食事はとても高い波動を持った素敵なものとなります。逆に、イライラしたり、投げやりな気持ちで料理をすれば、波動の低い食事になってしまいます。

食事は楽しく、おいしく、味わうもの。そうすれば噛めば噛むほど脳が動き、活性化され、幸せホルモンがどんどん出て心も胸も嬉しさで一杯となります。

食べることは、人間の最大級のよろこびであり究極のご褒美でもありますから、食前・食後には心を込めたあいさつを習慣化して、日々の食事に幸福ないろどりを添えたいですね。

word

KEYWORD

#022

「いただきます」と「ごちそうさま」は、食べることの幸福感を増やしてくれる。

いい褒め方、悪い褒め方

人を褒めるとき、思ってもいない美辞麗句を並べ立てることは、自分の心に嘘をつき、自分を傷つけることになります。

それはもちろん、相手にとっても大変失礼な行為。

私たちは、実際は他人についてほとんど知りません。たとえ、親子や恋人、友人など長いおつき合いがある方でも、その心は刻々と変化しますし、知らない顔はいくらでもあるのですから、くわしく把握していると思うことのほうがおこがましいのです。

ですから、人を褒める際には少し配慮して臨《のぞ》みましょう。

特に、有名人やお金持ち、権力者といわれる人と接するときにやってしまいがちなのが、相手の功績を大げさに称《たた》えるような態度。

偉大な方々は、本物であればあるほど、できるだけ話しやすいリラックスした雰囲気を作ろうとしますから、空々しいお世辞は相手をがっかりさせるだけです。

実際に、私のクリニックには、世界的に有名なハリウッドスターがいらっしゃることがあります。

先日もある女優さんが来院されましたが、つねに患者さんおひとりずつの状態だけを診ている私は、その方の地位や職業などはよく覚えていません。

ただ、その方のからだとお話ししてみると尋常でないストレスを感じたため、他の方にするのと同様にエネルギーを高める治療を施し、

「あなたは今、すごくストレスを感じているようだから、たまには全部忘れて好きなことをしなさいね」

とアドバイスをさせていただきました。

彼女は「I will.（そうするわ）」とおっしゃり、治療後は顔がとてもすっきりされていたので安心しましたが、彼女が帰られた後、スタッフからその方が多くの賞を受賞しているハリウッド女優だと教えられました。

私は「ああ、そうなの？」と答えましたが、もしも治療中に「いつもご活躍されていて素晴らしいですね」などとお伝えしていたら、おそらく、その女優さんのエネルギーはピリッと硬くなり、治療中も本来の自分に戻っていただけなかったでしょう。

緊張するような人や、著名な方とお会いするときこそ、平常心が肝心です。

真の意味で〝相手を褒める〟ときには、敬意を払いながらも〝人と人〟としてフラットに接することが大前提。

そして伝えるべきは、相手のステータスや成果を持ち上げることではなく、相手の魅力が自分にとってどれだけ心地いいかという素直な感想なのです。

最後に、悪い褒め方についても少しだけ。

気をつけたいのは、立派な方を目の前にした際に、その方の苦労や功績に対して、深く理解しているような言動をすること。

「私も同じなのでよくわかります、でも○○さんはさすがですね」

などと、あたかも自分が相手と同レベルに上がったような態度で褒めることは、相手の尊厳を汚しますし、きっと本音では、それ以上話すことさえ嫌がられてしまう行為でしょう。

どんな集団の中で誰と会う場合でも、相手を尊重し、秘めたる美意識を持ちながら、気持ちよくコミュニケーションを取ろうという態度で臨みたいものです。

word

KEYWORD

#023

相手の魅力が
いかに自分に心地いいか。
それを伝えるのが、
〝褒め〟の極意。

「言わぬが花」は正しい？

「言わぬが花」「沈黙は金」など、日本には〝思ったことをあえて言わないことに価値をおく〟ことわざがありますね。

確かに、私たちの心はつねに平静を求めているものです。そして人には、会話の中でひとたび何かの情報を得ると、さらにくわしく知りたくなって深追いしてしまう傾向がありますね。自分がその話題について充分な情報を持っていない場合や、追及されたときにまったく負担なく話せる状態でないのであれば、余計なことは言わないほうがいいかもしれません。

つまり、言葉に出さないことで、攻撃される可能性を回避するということです。それはずるさであり、一方で、自分の身を守る防御手段でもあります。日本の美徳においては、奥ゆかしさや謙虚さともいえるかもしれませんが、いずれにしても、心が乱れる確率をかなり下げられることは間違いないでしょう。

しかし、心に留めておいていただきたいのは、**〝思いをあえて飲み込む〟ということは、〝言わんとしたことの内容を心に残してしまう〟こと**になる点です。

当然、しばらくはそのことが引っかかり、大なり小なり外部からの関連情報が入ってくると、その思いはますます膨らんでいきます。内容によっては、思いが発酵して悪化したり、悩みを抱えることになったりしてしまうことも。

そうなると、精神的・肉体的な波動は低下し、予想外のつまずきが出てきてしまうかもしれません。言いたいことを溜め込むことで、体内では〝詰まり〟が生じ、その結果、寝不足や頭痛、便秘など、からだに不快な症状が現れてしまうこともあるでしょう。

私からお伝えしておきたいのは、やはり〝言えることと言えないこと〟のバランスです。そのバランスを見ながら、ある程度は心の内を素直に言葉に変えていくことが必要だということです。

もちろん、思いを言葉にする際は、配慮したいポイントもあります。

それは、世の中には十人十色の思想があり、どんなに自信のある発言も、その場にいる人数分の反対意見（〝意見〟まではいかないかもしれませんが）を受け取る可能性があるということです。

そのことをしっかりと心得た上で、思いついたことを即座に口に出すのではなく、できるだけ熟考し、場面ごとにふさわしい言い方に変換していければ、ベストなのではないかと思います。

word

KEYWORD

#024

〝言わない〟ことは
身を守るが、
〝言えること言えないこと〟は
バランスよく。

相手を信頼する言葉

「大丈夫？」という問いかけは、表向きは思いやりがありそうですが、何気なく発していると、実は自己満足につながっている言葉だと思います。

質問された相手は、声をかけた人が心配してくれていると思えばこそ、「本当はつらいんだ」とは言いにくくなることもあるでしょう。

また、そのように聞いたところで相手の状況が改善されることはないわけですから、もしも心底心配しているなら、まずは何かしら助けるための行動が先に出るはず。

にもかかわらず、なぜ「大丈夫？」と聞いてしまうのかといえば、相手の「うん、大丈夫だよ」という返事で自分自身の不安な気持ちを打ち消したいから。

その上、表面的には相手を気遣うそぶりができますから、どこか偽善的な感じになってしまうのです。

ですから、そんな言葉に、真の意味で相手への思いやりがあるとは思えません。

それでは、相手がつらい状況にあるときや困難に立ち向かっているとき、声をかけるのにふさわしい言葉とは何でしょうか？

それは、「信じているよ」、またはそれに類する言葉。**その人に乗り越えられる力があると確信しているからこそ伝えられる〝相手を信頼する言葉〟**です。友人、パートナー、子ども、どんな相手にだって言えること。

相手にとっても、自分が信頼されていると感じられるのは非常にうれしいこと。相手を信頼する言葉のやり取りは、お互いを認め合うきっかけとなり、その関係をいっそう深く結びつけるのです。

ただし、いくら「信じている」と言ったところで、他の言葉と同様に本心から出たものでなければ逆効果になってしまいます。

「こう言っておけば裏切られないだろう」「がんばらせたいから、とりあえず言っておこう」などといった邪念があると、それは波動となって相手に伝わりますし、心にそぐわない言葉を使っている自分も苦しくなってしまいます。


ご参考までに、たとえば友人たちと約束していた集まりの日に、ひとりから仕事が忙し過ぎて行けないと連絡が入る。大抵はみんな「大丈夫?」と聞くところを、私はこんな風に声をかけます。

「今は忙しいんだね。了解! じゃあ来月の予定を入れておくよ」と。

相手を信頼している言葉は、相手の脳や心にまでしっかりと届き、からだも信頼に応えようと奮起し始めます。

真心ひとつで「あなたを信じているよ」と伝えたら、あとは余計な詮索《せんさく》をせずにじっと待つ。心から相手を信頼していればこそ、そんな言行一致のやり取りも可能になるのです。

word

KEYWORD

#025

「大丈夫？」と聞くのは
相手を信頼していない証拠。
「信じているよ」と
伝えるだけで充分。

CHAPTER 04

行動

イライラしている人からは物理的に距離をおこう

一緒にいる人が苛立《いらだ》っている姿を目の当たりにするのは、居心地が悪いものです。イライラの波動は熱を帯び、ジメジメ、トゲトゲしています。さまざまな毒を抱えたまま、突進してくるような感じがあるのです。

そんなとき、相手のイライラした気持ちに引っ張られないための対処法は、**とにかく物理的に離れること**。

たとえば、友人のお宅にお邪魔したときやレストランで知人と会っているとき、彼や彼女がなんとなくイライラしていると感じたら、会話が深まる前に「ちょっと失礼します」と断って、一度、席を離れましょう。

まずは、トイレに行って大きく深呼吸を。気分が落ち着くのを待ったら、鏡に映った自分の姿を覗《のぞ》き込み、

「今日は、大切な時間をあの人とシェアしに来たんだ。楽しもう！」

と言い聞かせましょう。

両手を軽くこすり、両頬をポンポンポンと3回ほど叩きます。明るい音色を響かせたら、**「ありがとう」とにっこり微笑《ほほえ》んでごらんなさい**。

キラキラと輝く波動は空間を超えて瞬時に相手に伝わりますから、あなたが部屋に戻ったときには、すでに相手は心の平穏を取り戻しているはずです。

また、気をつけなければならないのは、苛立つ人を見て、

「今日はどうしたのかしら？」

「なんだか疲れていそう」

「しゃべり方もおかしいみたい」

などと思ったり、判断したり、ましてや口に出したりしてしまうこと。

直接言わずとも、その思いが波動として相手に伝わり、目には見えなくても楽しい時間は台無しになってしまいます。


肝心なのは、相手の状態にこだわる気持ちを捨てること。

まず自分自身を整え、こちらが先にすっきりすることで、相手の波動も上がってくると心得ましょう。

action

KEYWORD

#026

相手の負の感情に
こだわるよりも、
先に自分自身を整える。

物事を好転させたいときは、「丹田《たんでん》」を意識する

「丹田」とは、おへそから指4本分ほど下がった位置にあり、鍼灸《しんきゅう》では「関元《かんげん》」と呼ばれるツボのこと。

丹田は、エネルギーの貯蔵庫であり増幅器です。ここでは、集められたエネルギーを全身に届けるとともに、からだ中に溜まった不要なものを受け取っています。

精神を集中させたいときや自分と向き合いたいときに「丹田に意識を向けましょう」「丹田に思いを込めて」などと語られることが多いのは、丹田が〝からだの本部〟としての役割を担っているから。決断が苦手な人や言動に迷いがちな人は、大抵の場合、丹田がふにゃふにゃと柔らかく、力が入りにくくなっているようです。

それでは、丹田を強化するにはどうすればいいでしょうか？ その方法は簡単。瞑《めい》想《そう》をして、自分の意識を丹田に取り込むトレーニングをすればいいのです。

まずは頭のてっぺんから足の先まで、からだ中の潜在エネルギーを丹田に集め、ぎゅっと濃縮するイメージを持ってください。 するとエネルギーは、浄化され増幅されるので、今度はパワーアップしたそのエネルギーをからだの隅々にまで戻します。より力強くなったエネルギーが体内で働くことで細胞が活性化され、私たちの健康や幸せを輝かせてくれるのです。

このトレーニングをしてみると、からだはポカポカ、なかには汗ばむ人も出てくるほど。生気が広がり、言葉にも行動にも軽快なリズムが生まれます。そうなればもう、数時間歩き続けてもケロッとしていられるくらいの活力が湧いているはず。

瞑想はいつどんな場所でもできますから、丹田を意識しながら実践してみてください。悩んだり落ち込んだり、負の感情に支配されそうになったときにもおすすめです。

action

KEYWORD

#027

丹田を鍛えよう。
体内エネルギーを
からだ中にめぐらせて
パワーアップ！

願望は、1度だけ真剣に願う

〝願う〟ということは、宇宙の摂理に変化をもたらすほどのパワーを持っています。

たとえば、ある人は「直接会わなくても話をしたい」と考えて電話を発明し、またある人は「空を飛びたい」と憧れることで飛行機を生み出しました。そして、ここが肝心ですが、そのように大きな願望を叶えたり目標を達成したりしたい場合は、〝大志を抱いた次の瞬間に、それを忘れること〟が必要なのです。

もしもあなたが、望みを叶えたいと思ったときは、**〝真剣に願うこと〟**を**〝1度だけ〟**行いましょう。

1度だけ強く念じたら、その願望は、いったん頭の中から消し去ります。そして、毎日ひとつずつでも構わないので、願いを叶えるためにできることを行動しましょう。
そのとき、いつまでも「達成したい！」と望む気持ちから離れられないと、頭の中は「いつになったら叶うんだろう？」という思いでいっぱいになり、結果的に目の前で起きている大事なことを見逃したり、気づきを得られなくなってしまいます。人はひとつのことしか見えなくなると「これさえうまくいけば何もいらない」と過剰な期待を寄せてしまうもの。挙げ句の果てには、思い通りにいかないと誰かを責めずにはいられなくなることも。ネガティブな感情に支配されてしまうと、当然、望んでいたはずの理想的な未来は、手のひらからするするとこぼれ落ちてしまうでしょう。

だからこそ、**心がけたい重要なポイントは〝願望を忘れること〟**。願いを叶えるには、そのために努力をしている感覚や人目を気にする自意識過剰さ、「自分はこれだけやったんだから」と見返りを期待してしまう感情を手放し、無心でコツコツ行動すること。実はそれこそが、成功へのいちばんの近道に違いありません。

action

KEYWORD

#028

1度強く念じたら、
きれいさっぱり忘れる。
〝無心でコツコツ〟が
成功への最短距離。

瞑想は、量より質が肝心

日々の中で立ち止まり、自分と向き合いたいときは、〝瞑想〟が役に立ちます。

瞑想を効果的に行うには、心とからだを浄化することからスタート。薄暗い部屋でひとりになるなど静かに心を落ち着かせたら、ゆっくりと呼吸を整えてみましょう。**鼻から息を吸いながら5秒数え、そのまま息を止めて5秒数えます。今度は口から息を吐きながら、再度5秒**（慣れてきたら、徐々に10秒くらいまで伸ばしてみるといいですよ）。これをワンセットとして、10〜20回ほどくり返せば準備は完了。早速、瞑想に入っていきましょう。

瞑想では、自分の脳波をできるだけシータ波（まどろんでいる状態）に近づけられるとベスト。そのためには、心の中にある思い出や記憶、抱えている仕事や使命、願望、そういったすべての〝感情〟や〝役割〟をひとつずつ脱ぎ捨てて、自分の姿を小さく小さく縮小していきます。どんどん縮めて最終的に見えなくなるところまでイメージできたら、瞑想は成功。自分の存在を〝無〟にできると、心身にこびりついた邪気や無駄な悩みはどこかに飛び去り、自我への執着も消えていくでしょう。

瞑想にかかる時間は、私の場合は1回5分程度ですが、なかには1時間、2時間と続ける方もいらっしゃいます。ただ、その効果は時間の長さとは関係ありません。長時間がんばることよりも、自分が気持ちいいと感じられる状態を維持すること。

たとえば、これはひとつの例ですが、以前、私のところに呼吸がしにくい症状で苦しんでいる患者さんがお見えになりました。彼自身、ホリスティックやスピリチュアルなことを教えるセラピストでしたが、毎日5時間も瞑想しているとのこと。しかし、実は何年も前から不調が続いていたそうなのです。

話をしてみて感じたのは、技術的なことに固執するあまり、人生における楽しみや愛を見失っているのではないかということ。「自分はこうでないとクライアントに示しがつかない」などと、ご自身の本質とは違う常識や固定観念にとらわれた結果、からだが許容範囲を超え、呼吸困難というかたちでSOSを発していたのです。

この事例からもわかるように、瞑想で大事なのは、〝質〟であって〝量〟ではありません。

本来、瞑想は、物欲、食欲、性欲といった欲望を一時的にストップし、しがらみからも解放してくれるもの。真の自分を取り戻し、心とからだに平穏をもたらすとても有効な手段なのです。

action

KEYWORD

#029

瞑想の時間は、
5分で充分。
しがらみを手放し
自我を捨てて。

セックスの〝あるべき姿〟とは？

生物学的に見れば、子孫を残すために行われる〝性交渉〟。しかし、人類が進化するにつれ、その行為には多くの複雑な意味が込められるようになりました。

快楽、よろこび、愛の証明、支配、暴力など、現代人が行うセックスにはさまざまな意味が含まれます。けれど本来は、愛し合う者同士がお互いに望むセックスならば、それは他のどんな行為にも替えがたい親密なコミュニケーションとなり、深い幸福感を生み出すものとなり得るのです。

もちろん、セックスが〝愛の交歓《こうかん》〟となるためには、相互の信頼関係が欠かせません。もしもあなたが心の目を曇らせ、目に見える部分だけで相手を判断して疑ったり、不信感を募らせてしまうことがあるなら、そのネガティブな波動は、間違いなく相手にも伝わってしまうでしょう。
お互いに懐疑的なまま欲求を押しつけ合うように行われる行為からは、共感も同調も起こるはずはなく、当然、全身から溢れ出るエネルギーの交流がなされることもありません。

一方で、**今目の前にある状況に感謝し、よろこんで行為に没頭すれば、相手にもよい影響を与え、セックスはより充実したものになります。**

にもかかわらず、残念ながら、現代においてセックスの際に〝真のよろこび〟を見出せている人は、おそらく10％にも満たないのではないでしょうか。
あなたは、行為の前にきちんとお互いを思いやり、まずはからだをいたわり合ったり、癒《いや》し合ったりできていますか？　欲望のおもむくまま肉体的刺激を求めることからスタートしてしまうと、とりわけ女性側は不完全燃焼で終わってしまうことが多いように感じます。すると、心や女性器に滞りが生じ、粘膜の耐菌性が落ちたり、柔軟性や感受性が歪《ゆが》んだり、ひいては病気につながってしまうことも珍しくないのです。

愛情に満たされたセックスは、人生で最も自然で神聖なもの。優しく、温かく、まるで蜂蜜のように甘美な感動をもたらしてくれる、幸せの頂点です。さらに、生命力や愛の意識を高め、新しく生まれ変わるような感覚をもたらします。そして、お互いがよろこびの絶頂に達するとき、その精神は宇宙の深いところと直結し、身も心もすべてのシステムが浄化され、磨き上げられ、至福のよろこびとなります。

もしも今、あなたが痛みや傷を伴うセックスをしているなら、健やかな心とからだを守るためにも、本来あるべき本質的なセックスの姿に立ち戻る必要があるといえるでしょう。

愛に満ちたセックスは、
自然で神聖なもの。
心身を浄化し、
磨き上げてくれる。

甘えることが、優しさを生む

人に優しくするときは、純真な心が何より大切です。

同じ行為でも、自分の欲望や魂胆があると、それは本当の優しさではなくなってしまうからです。

本当の優しさとは、純粋に相手のことを思う気持ちからアドバイスやケア、行動をすること。

私の場合は、自分が受け取ったときに「気持ちいいな」「うれしいな」と感じられることを働きかけるように心がけています。

一方、自分が優しくしてもらいたいときは〝いい甘え方〟をめざしましょう。

いい甘えは、とてもキュートで私は大好きです。

人は、社会の中にいる以上、誰かと支え合いながら生きているもの。誰しも得意・不得意があるのは当然ですから、必要な場面で必要な能力を提供し合いながら、さまざまなことを達成していくのです。

ひとりですべてをこなせる人などいませんから、強がって自分ひとりで抱え込むよりも、周囲に助けを求めようとする自分をきちんと肯定してあげましょう。

素直に「助けて欲しい」とお願いすることは、相手に〝頼られるよろこび〟をもたらします。それは、相手の力をよりいっそう引き出し、命を輝かせることに。きっと、お互いの絆を深めることにもつながっていくでしょう。

「他の人を差し置いてでも、自分だけに注目して欲しい」「私だけ愛して欲しい」と駄々をこねるのは、利己主義な〝悪い甘え〟の典型です。

しかし、いい甘えは、精一杯応えようとする気持ちが優しさを生み出します。あたたかくて、柔らかくて、じーんとする……。そんな優しい波動を広げられる甘えなら、遠慮せず、どんどん伝えていくべきです。

いい甘えに対して、美しい思いやりを受けたなら、その機会を敬って、感謝して、決して忘れないようにしましょう。

甘えを理解し、叶えてくれた大きな愛と恵みを、喜びとして相手や他の人々にもつなげていけるなら、自分自身も大きく成長できるはずです。

そして自分に同じようなことが巡ってきたときには、その美しい経験を生かし、自分が受け取った喜びを次の人に分かち合えるようになりましょう。そうやって感激がつながっていくのが人生なのですから。

action

KEYWORD

#031

心を開いて人に甘える。
そのことが、
優しさを広げていく。

〝休み下手〟から卒業しよう

一般的に、日本人は〝休む〟ことが苦手のようです。
思うに、勤勉さが美徳とされている日本では、「疲れた」や「もう無理」といった言動は、まるで弱音を吐いているようでカッコ悪いと感じてしまう人が少なくないのではないでしょうか。

しかし、そんな道徳観は現代において、古くさい固定観念のような気がします。これからの日本人は、根性論をつらぬくだけでなく、**自身の健康と真の幸福をもっと優先していくべき**なのです。

たとえ仕事中でも、自分が疲れたなら、周囲に気を遣いすぎることなく「ちょっと失礼します」と言って適度に休憩を取る。作業効率を考えても、むしろ休みは必要です。

無理をして働き続けると、健康的には、からだが酸性に傾き、細胞が酸欠状態になったり、緊張状態が続くことで交感神経が優位になりすぎたりと何もいいことはありません。

休むことは、心身の調子を維持するために欠かせない〝命の洗濯〟なのです。

ご参考までに、私の2パターンのリラックス方法をお伝えしましょう。

ひとつは、まず仕事中であれば会社から物理的に離れます。緑の多い公園などに出かけ、花壇のそばにあるベンチに座って、目を瞑りゆっくりと呼吸します。

すると、花や草木が強力な癒しの波動を送ってくれるのです。気づくと、ベンチに寄りかかったまま4〜5分ウトウトしていることも。

私は、そんなくつろぎ方が大好きです。

また、もう少し刺激を受けたいときは、図書館や美術館で人やアートを眺め、日頃自分のまわりにはない波動を味わいます。

そうすると、自分の乱れた波動が自然と落ち着きを取り戻し、緊張していたからだが緩やかにほぐれていく。ここでも、ベンチが見つかれば腰掛け、へその下にある丹田（p120）を引き締めながら、鼻から吸って口から吐く深い呼吸を3回ほどくり返します。からだの隅々にまで酵素や血液がいき渡り、溜まっていた不要なものが然《しか》るべきからだの器官から排泄されていくのです。

心もからだもリラックス状態になり、やはりときには眠ってしまいますが、目が覚めると頭はすっきり、からだは軽やか。その後、大抵はトイレに行きたくなるので、そこで老廃物を気前よく捨てます（笑）。

そうして、さわやかな気分を取り戻し、会社に帰るというわけです。

action

KEYWORD

#032

休むことは、
健康と幸せを守る
〝命の洗濯〟。

SNSに疲れてしまうときは……

今やすっかり私たちの生活になくてはならないものとなった〝SNS〟。世界中の人と交流するチャンスがあったり、会う時間が取れない相手とも頻繁にコミュニケーションを取れるなど、多くのメリットがある反面、幸せそうな投稿に嫉妬したり、寂しい思いをしてしまうことも。「SNS疲れ」という言葉もあるほどですから、使い方を間違えると自分自身を消耗させるツールにもなってしまうのでしょう。

思うに、SNSを見て必要以上に感情を揺さぶられてしまう人は、もしかしたら、日頃から〝自分の意思を重視していない〟傾向があるのではないでしょうか？

自分を尊重できていない人は、本当は自分とは関係ないはずの情報に「知らなかった！」「考えたこともなかった！」と過剰に反応します。本当は、あなたにはあなたなりの歴史があるわけですから、知らなくても恥ずかしいことではないはずなのに、自分の本質とは関係ないことに対して、焦って平常心を失ってしまうのです。

大事なのは、多くの投稿が〝あなたには関係ない〟ということ。あなたがすべきことは、もっと自分の魅力や素晴らしさに注目することなのです。

たとえば私の場合、生まれたときから、自然療法にどっぷり浸かって育った〝自然派バカ〟ですから、世間的な常識や知識は欠けているらしく、まわりの人に驚かれることもしょっちゅうです。

世界的なシンガーの男性に、そうとは知らず、「あなたの声はとても素晴らしいから、歌手になったらいいよ」なんてアドバイスをしてしまったこともあるくらい。でも私は、心から人々と会話をしているので、私自身に嘘はありません。他の人が知っていることを知らなくても、平気です。

自分の知識、経験、信じていることに対しては、毎日努力し、鍛錬に励んでいます。自分の持っているものに、愛の気持ちを輝かせるせることが大切で、知識の量ではなく、質に集中することが重要だと考えています。

ただし、ＳＮＳはお金と同じ〝勢いのある波動〟を持っているため、ついつい圧倒されてしまうことはあるかもしれません。

では、どうすればいいかというと、答えは簡単。〝見なければいい〟のです。

「This is yours, not mine.（これはあなたの世界で、私のものではない）」

そう自分に言い聞かせましょう。

心乱されるものからは、物理的に離れることがいちばんです。

action

KEYWORD

#033

人は人。
自分に関係のない情報に
踊らされない。

CHAPTER 05

環境

ポジティブな人間関係を選ぶ

毎日を楽しく、やる気満々で機嫌よく過ごすためには、できるだけ〝波動のいい人〟に囲まれた環境を整えることをおすすめします。

波動のいい人を見分けるコツは簡単！　それは、会うだけで楽しくなるような言葉や表情を持っている人です。

そういう人は大抵、相手に気を遣える思いやりを持ち、想像力も豊か。楽しみやよろこびをわかち合えるだけでなく、つねに新しい夢やユニークな提案を思いつき、共通の目標を持ってがんばれます。

無限の可能性が広がる関係を築けそうですね。

反対に、できるだけ避けたい〝波動が悪い人〟の特徴は、まず、会うたびに一方的に自分の問題や悩みばかりを語る人。相手の状況を構うことなく自分の話にばかり熱中する人は、利己的で尊敬できませんし、そういう人の波動はしばしば重く冷たく沈んでいます。

また、会話のキャッチボールが成り立っている場合でも、話の内容が誰かへの陰口に偏っていたり、「○○さんも言っていたよ」などと批判を他の人のせいにしたりする人は要注意。

せっかくなら、誰かと一緒にいる時間は、ワクワクできることをシェアしたいですよね。

自然体のままポジティブな気持ちを保つためには、人間関係の取捨選択も欠かせない要素なのです。

environment

KEYWORD

#034

〝波動のいい人〟と
一緒にいると、
ポジティブになれる。

ブレない〝自分軸〟の作り方

〝自分軸〟とは、1度きりの貴重な人生を生きていく上で、最も大切なものです。

にもかかわらず、特に日本人は、他人を尊重しすぎて自分軸を歪ませてしまう傾向があるよう。権力のある人や著名人が言ったからとか、お金や目先の欲望に負け、本意でない行動をとってしまう人も多いのではないでしょうか？

それは、言い換えると、自分軸を相手に譲渡してしまっている状態。奪われた軸は、往々にして奪った側の補助軸として取り込まれます。あなたは、まるで時計の歯車のように、その人の力を増幅させるパーツと化してしまうのです。

このように、自分軸を大事にしないと、意に反してやりたくないことをやり続けていくことにもなりかねません。

くり返しますが、人生は1度きり。自分の足でしっかりと立たないと、主導権を奪われてしまうのです。

そもそも、日本人がなぜ自分軸を保つのが苦手かといえば、どんなことにも優劣をつけたがるせいかもしれません。

揺るぎない自分軸を確立するためには、〝自分のすべてを無条件で受け入れる〟ことが先決。そのためには、他人と比較しないことが基本です。さらに、**今あなたに備わっているものはすべて正しいと理解すること。また、足りないことを〝劣っている〟と決めつけないことです。**

〝自分のまま〟であることは、あなたの何よりの特徴のはず。それは、〝オリジナリティ〟という魅力そのものなのです。

私の古くからの友人に、子どもの頃に事故で両手を失った人がいます。

しかし彼は現在、〝両足を使うフットセラピスト〟として活躍中。これまで何万人もの人々を癒し、多くのクライアントに愛されながら人生を謳歌《おうか》しています。両足で運転もするし、料理だってこなせてしまうんです。

もちろん、事故当時は、ご両親や周囲の方々は悲しみのどん底でした。友人自身も絶望しかけたかもしれないことは想像に難《かた》くありませんが、彼の素晴らしさは、自分と他人とを比較することなく、持っているものを100％活用する努力と工夫をあきらめなかったこと。強い向上心と忍耐力で、〝唯一無二の生きる道〟を掴み取ったのです。

あなたもあなたのままで、持てる力を最大限に発揮して生きていきましょう。

ぐらぐらと不安定だった〝自分軸〟は、前頁の意識をつねに持ち続けることで鍛えられ、ブレない強靭《きょうじん》な軸へと進化していくはずです。

environment

KEYWORD

#035

ありのままの自分。
それが〝自分軸〟であり、
あなたの唯一無二の
個性となる。

〝自分軸〟を誰かに奪われないために

前の項では、「不安定な自分軸は、他人に奪われてしまうことがある」と述べました。本項では、それについてもう少しくわしくご説明しましょう。

自分軸を生き方の中心に据えられていない人は、**他人の行動に対して〝取捨選択する〟という視点が足りない**ように思います。

本来であれば、誰かの言動は、自分の生き方の参考として主体的に取り入れていけばいいもの。ですが、自分軸が揺れていて、求めているものがわからなかったり、自分自身を信頼しきれていなかったりすると、心に揺さぶりをかけられたときに、自分の不十分さを他人と比較してしまい、つい不安に陥ってしまうのです。

また、自分軸で生きていない人は、誰かの環境や才能や知識が、自分のものより優れていると感じてしまいがち。

だからこそ、自分が知らなかった情報や気づかなかった視点を出されると、むやみやたらに感動し、足元を揺るがされてしまうのです。

他人を尊重することは大事ですし、それを受け入れること自体は否定しません。ただ、あなた自身がその影響力に負けそうなときは、少し用心が必要です。

誰かの言動がどんなに素晴らしくても、あなたが劣等感を感じることはありません。「なるほど、そういうこともあるんだ」と冷静かつ客観的に受け止めて、心ごと飲み込まれないようにしましょう。

自分がこれまで身につけてきた、知識と経験に自信を持つこと。

他人の言動は、ひとつの事実として受け止めるくらいがちょうどいい。そんな距離感の取り方も、〝自分軸〟を育てるのに欠かせない要素です。

environment

KEYWORD

#036

誰かが発信する
情報に、
飲み込まれない。

ご縁は自然と結ばれる

愛する人とのご縁を、昔から「運命の赤い糸」と呼んだりしますが、私たち人間はどこか〝運命的な人とのつながり〟を望んでいるような気がします。

たとえば、職場の同僚やご近所さんなど、もともとよく知らない者同士だった間柄でも、何かの拍子に相手の中に共通点を見出すと、俄然《がぜん》、その関係が深いものになっていきそうな予感が生まれます。

出身地や趣味など共通の話題で盛り上がり、特別な親近感が湧いて、その出会いがあたかも運命に導かれたもののように思えてくるのです。

しかし、男女関係を例にあげるとわかりやすいと思いますが、出会って恋に落ち、ご縁を感じて結婚に至ったにもかかわらず、後から、女グセが悪いことがわかったり、ひどいときはDVを受けてしまったりして、離婚を望むケースは珍しくありません。

そんなとき、出会ったころのいい思い出に縛られて、あまりに縁というものを重視しすぎると「せっかくのご縁なのに……」となかなか別れられない要因になってしまうことも。

ですが、もちろんそんな関係性はご縁でも何でもありません。それは、身もフタもない言い方をすれば、〝希望〟という名の勘違い。くれぐれも「そこに縛られて別れられない」などということがないようにして欲しいと思います。

もしも、そこで縁の幻想にすがりついてしまうとしたら、自分への愛情が充分に足りていない証拠。なぜって、「別れたい」と願っている心の状態よりも、自分の外側にある〝ご縁〟(現状の希望)という概念のほうを信頼しているのですから。

また、**真のご縁とは、私たちの意思でコントロールできるものではありません。**本来それは、高次元にある〝神さまの采配《さいはい》〟ともいうべきもの。時空を超えたもっと大きな営みの中で、複雑に絡み合ったつながりのことなのです。

ですからご縁というものは、意図的に作ろうとして作ってもなにか不自然でうまく運びません。ところがほんの小さなきっかけでも幸運に恵まれると、トントン拍子で広がっていきますから不思議なものです。

たとえるならば、何百本の縦糸と何百本の横糸が織りなす世界であって（こういう素敵な歌がありましたね）、たった数本の糸では美しい織物は織れません。

〝誰かと自分〟のように小さな単位をどうこうしようと考えるよりも、目の前の人と楽しくつながることに集中したほうが、幸せに導かれるのだと思います。

environment

KEYWORD

#037

ご縁は、
人智を超えたもの。
自然と結ばれる。

孤独の愛し方を知りましょう

孤独になることを恐れている方は、とても多いようですね。なぜでしょう？　本来、孤独はとても気が休まり、心に平安をもたらしてくれるもの。孤独でいる間は、誰に気を遣うことなく、すべての時間と体力を好きなように使えるのですから、こんなに自由なことはありません。

むしろそれは、**神さまからのギフト。長い人生の休み時間**ともいえるものではないでしょうか。

もしもあなたが、つねに自分自身を愛し、心が求めるものを理解しているなら、ゆとりを持ってそのギフトを満喫できるはずです。

ひとりでいるからこそ無限の発想が生まれ、面白い気持ち、気づきなどが起こり、むしろ楽しいと感じるかもしれません。

けれど、自分の心と真面目に向き合わず、いつも自信のない状態でいると、近くに見える人たちが集まってワイワイとにぎわっている、その弾んだ〝陽〟の波動がうらやましく感じられてしまうのです。

実際は、たとえ愛する人がそばにいようと、孤独から逃れられることはありません。**その人がどんなに大切で身近な人でも、心の中まで理解することは不可能だからです。**

相手は相手であり、自分は自分。

すべての時間や経験や感情を共有することはできませんから、気持ちがそぐわない瞬間はいくらでもある。それは、万人が受け入れざるを得ない事実なのです。

多くの人は、その事実に耐えられず、孤独な時間を〝さみしい〟と感じてしまうようですね。

そんなときは、たとえば電車に乗って海を見に行きましょう。

ゆったりと横たわる大海原には、白いさざ波がたち、空を見上げれば、燦々《さんさん》と降りそそぐ太陽の光や悠々と飛ぶ白いカモメがまぶしく映ります。そのような景色を眺めていると、肩の力がすうっと抜けて「自分の孤独なんて小さい、小さい」とつぶやきたくなるでしょう。

自然のおおらかさは、孤独にまつわるさみしさを癒してくれます。あなたはまるで、一寸法師のようにちっぽけな存在になって、大自然に心地よく包まれるでしょう。

environment

KEYWORD

#038

孤独は、
神さまからのギフト。
とても自由で
素晴らしい時間。

よどんだ空間を浄化する

日頃からセミナーなどのために多くの会場を訪れますが、毎回、部屋に入る瞬間はさまざまな〝場の雰囲気〟を感じます。

その雰囲気は、私たちの前にどんなイベントを行っていたかによって異なりますが、たとえば祝賀会やコーラスの練習など、人々がよろこんで参加していた催しの場合は、やはり心地よい波動の余韻が残ります。

反対に、なんとなく嫌な感じがするのは、離婚セミナーや倒産の法律相談会などネガティブな感情が集っていた後。どんなに掃除が行き届き、テーブルと椅子が整然と並んでいても、どんよりした空気と乱れた波動は拭えないのです。

そんなときは、**開場の前に〝場の清浄化〟**を行います。

ここでは、どなたでも実践できるシンプルな方法をお伝えしますので、セミナー会場に限らず、教室やホテルの部屋など、どこかで不穏なムードを感じられた際に試してみていただければと思います。

まず、陰気な場の雰囲気をクリアにする最も簡単な方法は、その空間にある〝素敵なもの〟を探して心の中で褒めてあげること。その物が持つ波動があなたの思いに感謝して、明るい波動をたくさん生み出してくれるでしょう。

一方、空間自体があまりパッとせず、特に惹かれる物も見つからない場合は、部屋の中をいたわるつもりで眺めてみましょう。テーブルが汚れていたり、椅子の列が曲がっていたら、さっと整理整頓し「いつもご苦労さま」と声かけを。すると、空間に含まれるよどんだ空気が反応して、部屋中を浄化してくれます。

加えて、いい香りのルームスプレーを吹きかけたり、花を飾ったりしてみると、さらに効果的。

そんな手軽な方法で、空間が美しく整い、みんなが気持ちよく過ごせるのですから、試さない手はありませんよ。

ちなみに、私がいつもセミナー前に行っているのは、**パンパンパンと手を叩きながら部屋中をまわり、「Thank you!」と場への感謝を伝えること**です。

最初は手を叩く音の跳ね返りが詰まったように響きますが、「今日はお世話になります」と歩きまわるうちに、雰囲気がぐっと上向きに。

愛を込めて鳴らす音は、場を清浄化し、安定感と静寂を呼び込むのです。

environment

KEYWORD

#039

よどんだ空間は、〝感謝〟と〝いたわり〟の気持ちで清浄化。

〝気〟がもたらすもの

〝気〟は、目に見えないものを代表する存在かもしれません。

気とはすなわち、気持ちの〝気〟であり〝思い〟や〝意識〟の結晶体。目に見えず触れることもできませんが、生きとし生けるすべてのものに備わり、生命体としてのパワーを維持してくれています。

私たちは〝気〟がなければ、心臓は動かないし、目も耳も見えないし聞こえない、呼吸もできないし歩けません。からだを構成する60兆の細胞を維持することもできません。

よく、〝気の流れ〟という言葉がありますが、気は意識するとしないとに関わらず、つねに全身に流れているもの。

心が健やかであればスムーズに駆けめぐり〝元気〟や〝活気〟をもたらしますが、ストレスや悩みを抱えると、流れは詰まり気味になり濁流になってしまいます。

元に気があると書いて、元気とはよくいったものです。

私のクリニックには、毎日のように、病気を抱えた多くの方がお越しになります。

患者さんはほとんどの場合、からだの不調を訴えていらっしゃいますが、本来、病気とは、読んで字のごとく〝気が病んでいる〟状態のこと。

つまり、**からだの不調は、からだの弱い部分に現れた〝気の不調への警告〟です。**

ですから、その治療は、肉体的なケアと同時に気の調整を行い、鍼灸など症状に合った方法で、気の流れをもとの正常な状態に戻すお手伝いをさせていただくというものです。

部屋の窓を開けるとさわやかな気持ちになれるのは、風が入ることで室内の気の滞りが解消されるからですよね。

からだもそれと同じこと。気を浄化して整え、体内にふたたび新鮮な気を循環させると不調は見事に快復し、もとどおりの健康と幸せを取り戻せます。

ちなみに、一般的に〝気〟と混同されやすいものに〝エネルギー〟がありますが、これは車でたとえるなら〝ガソリン〟のようなもの。

〝食物から作られるエネルギー〟と〝宇宙からいただくエネルギー〟、〝意識から生まれるエネルギー〟の三位一体が、私たち人間を幸せに導いてくれるのです。

environment

KEYWORD

#040

〝気〟とは、すべての命に宿る〝思い〟や〝意識〟の結晶体。

この世は〝波動〟でできている

最後に、私が研究している量子力学について、少しお話ししましょう。

世界を形作っているすべての微小単位を〝量子〟と呼んでいます。この世のすべてのものは、量子の集合体です。この小さな小さな量子を研究している科学を、量子力学といいます。

量子にはふたつの特徴があり、ひとつは波で、もうひとつは粒子です。この本では、ふたつの性質のうち波について、つまり波動について多くお話ししてきました。

この世のすべてのものは、〝波動〟を持っています。あなた自身はもちろん、動物も花も木も水も、目の前にあるこの本やテーブルも、有機物・無機物に関わらず、目には見えない波動によって形を成しているのです。

波動は、ものの状態を左右します。

もの自体が生き生きと輝いているときは、波動も正常かそれ以上の高さ。反対に、よどんで色あせているようなときは、波動も下がってしまっています。

波動が下がる大きな要因は、ひとつには、もの自体の老朽化。そしてもうひとつには、そのものに対して周囲の意識が向いていないことにあります。ひっそりと忘れられているものの波動は、みるみるうちに下降します。風化が起こり、それに備わる質も下がっていってしまうのです。

ですから、人でもものでも、そのものの波動を上げたい場合は、それに意識を向け、思いを込めて手をかけてあげること。

自分と自分が向き合っているものの波動がともに高くなると、相乗効果が働きます。そのものが持つ美しさはいっそう冴《さ》え、周囲に調和した存在意義のあるものになっていき、それにまつわるあらゆることが順調に動き出すでしょう。

さらに、**波動は、私たちの内面から生み出される〝感情〟にも伝播《でんぱ》します。**

ポジティブな感情もネガティブな感情も、その波形は同じもの。ですが、起きたことを私たちがどうとらえ、どのように表現するかによって、波動は穏やかに整ったり激しく乱れたりと状態を変化させます。

波動の動揺は、意思の力でコントロールできるものではありませんが、できるだけ波動を乱すものからは離れ、あらゆることに対して感謝の気持ちを持ち続けると、安定的な波動につながっていくはずです。

environment

KEYWORD

#041

有機物も無機物も、〝波動〟が高ければ生き生きと輝いている。

EPILOGUE

おわりに

この本を書くことになったきっかけは、私の真意を赤裸々にみなさまにシェアしたいと思ったことでした。

宇宙や自然の摂理が、人間には見えないチカラで動かされており、感じないチカラで生かされています。

たとえば忍者が、敵から身を隠すために、木にぴったりくっついて、心を無にしたとします。そうやって敵の目をそらそうとしているわけです。木からは、目には見えませんが、エネルギーが出て、忍者のからだを覆っていきます。あたかも木の一部としか見えないほどに、木のエネルギーが彼のまわりをカバーしてくれるのです。

そこに確かにいるんだけれども、他の人には見えません。

同じく、狩猟シーズンになると、特にウサギやリス、シカなどが、木の葉のような色にからだの色を変えて、さらに落ち葉の中に潜り、静かにじーっとしています。遠くから見ると、まるでひとかたまりの木の葉の山のようにしか見えません。そうして、他の動物からの攻撃を免れていますよね。

特に、人間の目からは見えなくなります。でもそうやって、野生動物たちはそこに存在しています。

これも見えないものですが、本能や経験によって、よい結果を得られることを彼らは知っています。そうやって命を守っているわけです。

人間世界でも、何百、何千もの見えないチカラのおかげで、私たちは生命を全うしています。

その摂理や真髄をシェアすることにより、悪いことでもよくできるし、よいことでも心からケアしないと真逆の方向に行ってしまうということを、知って欲しい。それによって、お互いに守り合うことができると思っています。

人生は125年まであると言われています。そこまで完遂するのは大変です。何もわからなくても、見えなくても、その奥に秘められた秘術は理解しにくくても、想像し、経験してもらい、よりよい結果が生まれるようにこの本の中でお話ししてきました。

少しでもみなさまのお役に立てたなら、この上ない幸せです。

この本の出版にあたっては、執筆の機会を与えてくれて、愛をもって熱心に小林健と向き合ってくれたワニブックス編集長の青柳有紀さん、編集部の川上隆子さん、ライターの村上治子さんに心から感謝申し上げます。

そして温かい心を持っていつも私をサポートしてくれている本草量子センターの大久保紀央さん、本草閣自然療法センターの白石志保さんに、感謝と心からのお礼を申し上げます。

ありがとうございました。

２０２０年４月　ＮＹにて　小林健

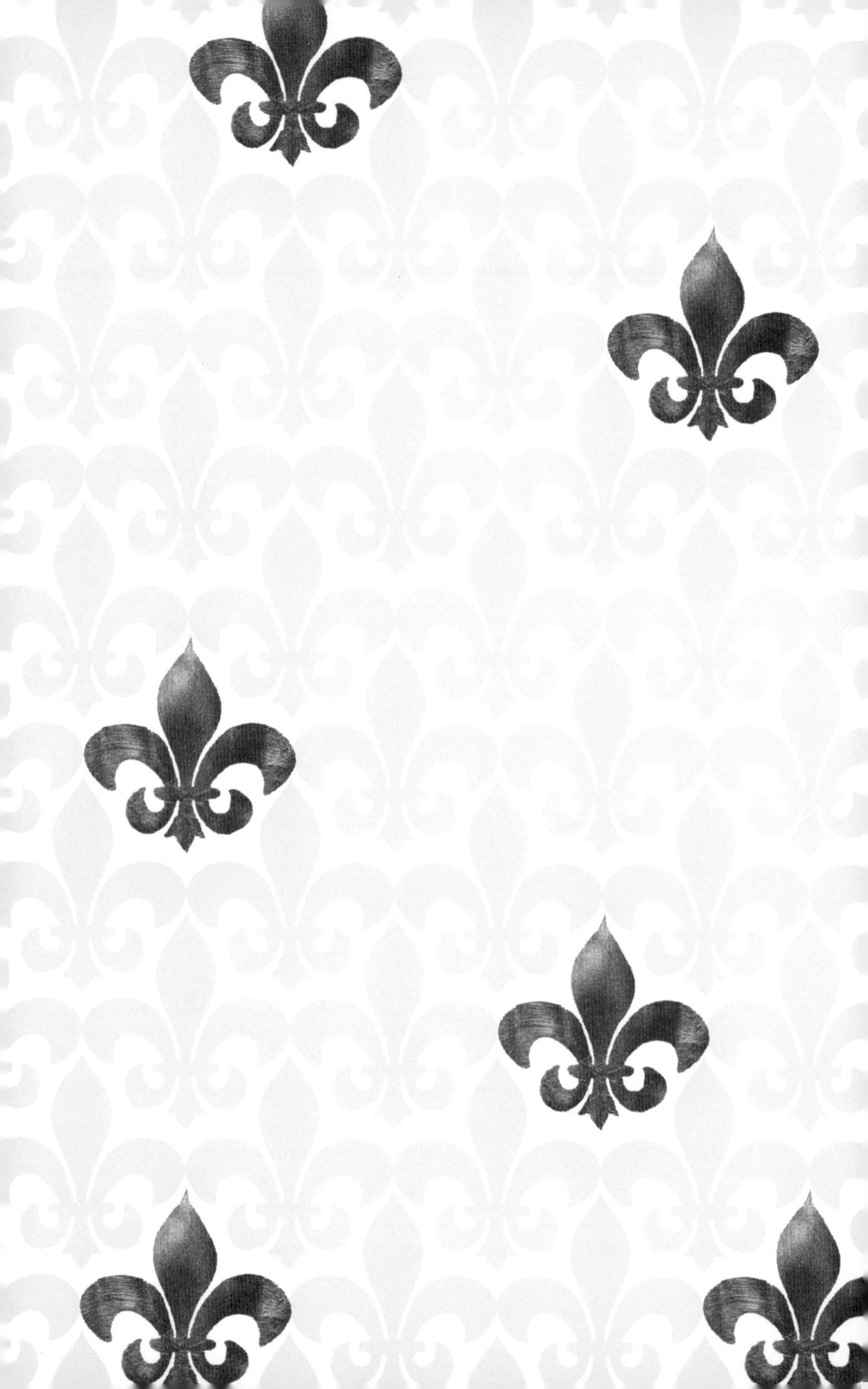

デザイン　橘田浩志（attik）
文　村上治子
イラスト　浮須恵（フライスタイド）
校正　玄冬書林
協力　大久保紀央（本草量子センター）
白石志保（本草閣自然療法センター）
編集　青柳有紀　川上隆子（ワニブックス）

あなたの人生を決めていく

見えないチカラ

小林 健 著

2020年6月5日　初版発行

発行者　横内正昭
発行所　株式会社ワニブックス
〒150-8482
東京都渋谷区恵比寿4-4-9　えびす大黒ビル
電話　03-5449-2711(代表)
03-5449-2716(編集部)
ワニブックスHP　http://www.wani.co.jp/
WANI BOOKOUT　http://www.wanibookout.com/

印刷所　株式会社美松堂
DTP　株式会社オノ・エーワン
製本所　ナショナル製本

定価はカバーに表示してあります。

落丁・乱丁の場合は小社管理部宛にお送りください。送料は小社負担でお取り替えいたします。

ただし、古書店等で購入したものに関してはお取り替えできません。


ISBN978-4-8470-9925-0